AF188620

Ramona Roßbach

Mein Alltag
ist voll Poesie

Gedichte

Bibliographische Information der Deutschen Nationalbibliothek:
Die Deutsche Nationalbibliothek verzeichnet diese Publikation in
der Deutschen Nationalbibliographie; detaillierte bibliographische
Daten sind im Internet über http://dnb.dnb.de abrufbar.

Herstellung und Verlag:
BoD – Books on Demand, Norderstedt

ISBN: 978-3-746-01212-4

Inhalt

1. Am Morgen   6

2. Spaziergänge   10

3. Reisen   16

4. Kostbarer Moment   18

5. Vom Suchen und Finden   20

6. Vom Erfassen und Lassen   23

7. Wunderwärts   25

8. Vom Glück getragen   26

9. Vom Licht erfüllt   30

10. Zwischen Himmel und Erde   33

11. Dort, wo die Gedichte wohnen   35

12. Am Abend   36

13. Rêves / *Träume*   38

Danksagung   42

Schlussbemerkung   43

1. Am Morgen

Alltags-Morgen

Unterwegs bin ich am Morgen,
seh die Wiese weiß vom Reif;
halb vom eisblau'n Berg verborgen
scheint ein zarter goldner Streif.

Auf dem Weg mit Alltagssorgen
seh ich staunend diese Welt,
fühl im Lichte mich geborgen,
das aus rosa Wolken fällt.

Was mich plagt, ist bald vergangen,
größer, was durchdringt die Welt;
ich seh auf und bin umfangen
von dem Ganzen, das uns hält.

Am Morgen

Verschlafene Gedanken
hängen in den Tag,
wo Träume sich noch ranken
und man schlummern mag.

Morgenfrisches Denken
sucht langsam seine Bahn,
kann noch nicht ganz lenken,
doch kündigt sich schon an.

Halb munter, halb umnachtet
bin ich im Zwischenreich,
dort, wo man alles achtet,
den Traum, das Wachen gleich.

So bin ich zwischen Welten,
die mich umfangen sacht,
mir als Zuhause gelten
am Ende dieser Nacht.

Da wacht auf mein Sinnen,
das grad im Schlaf noch lag.
Neues kann beginnen;
jetzt ist es in mir Tag.

Bahngemeinschaft

In der Bahn am Morgen früh
haben viele ihre Müh'
unterwegs schon wach zu sein,
sich am neuen Tag zu freu'n.

Schwer sind meine Augenlider,
sinken nieder, immer wieder.
Die Bahn im Wechsel fährt und hält,
darin sitz ich in Traumeswelt.
Schön ist's, wenn dann beim Aussteigen
Mitmenschen sich freundlich zeigen,
an meinen Schirm erinnern mich,
den sonst dort hätt' vergessen ich.

Auf der regelmäß'gen Reise
ist mal der, mal jener weise.
Wo heut der eine helfen kann,
ist morgen gleich ein andrer dran.

Wie oft nach kurzer Ruhe schon,
heißt's wieder einmal: „Endstation!"
Doch einer hat es nicht gehört
und schläft nun weiter, ungestört.
Ich wiederhole „Endstation"
mit freundlichem, bestimmtem Ton.
Da beginnt er zu versteh'n
und sich langsam umzuseh'n.

So hilft man gegenseitig sich;
ich bin wie du, du bist wie ich.

Markt am Morgen

Grad aus einem Traum gefallen
geh ich wie trunken durch die Stadt,
überwältigt von dem allen,
was sie dem Aug' zu bieten hat.

Am Markt durch tausend Farben streifend
werd ich erfüllt von Duft und Klang;
die Sinne, immer weiter schweifend,
spazier'n den ganzen Platz entlang.

Überwältigt von dem allen
lass ich auf diesen Tag mich ein,
bin aus meinem Traum gefallen
grad ins Leben voll hinein.

2. Spaziergänge

<u>Gedanken fliegen</u>

Gedanken fliegen
im Frühlingswind,
im Park,
inmitten der Menschen,
die Frühling suchend
und Sonnenschein findend
unterwegs sind,
spazierend,
rastend,
spielend,
das Jetzt atmend.
Gedanken fliegen
und kreuzen sich,
wo Wege einander überlagern,
verschmelzen,
sich entwirren
im Fußball,
der von der Wiese rollt,
in der Musik,
die von der Steeldrum
zu den Baumkronen schwebt
und auf dem Weg
Fahrräder, Kinderwägen
und Spielgeräte streift.
Gedanken fliegen
und sammeln sich
in Augenblicken,
flüchtig im Blick von Augen,
alten und jungen,
von hier und dort,

Nationen und Generationen
hier im Park,
die Gesellschaft von heute
und die von morgen
in historischer Kulisse
vor den Häusern der Altstadt.
Gewachsen und wachsend,
neu sich erfindend
oder absichtslos
einfach nur da,
mit Geschichte im Rücken,
Geschichten von heute
erzählend
und verschweigend.
Tausend Eindrücke
in dieser Sekunde,
verfliegend
wie ein Gedanke,
der gerade noch war
und jetzt schon Ewigkeit ist,
wiederkehrend,
verwandelt im Morgen.
Wohin, meine Welt?
Wohin, meine Mitgeschöpfe?
Wohin, unser Planet?
Entschwindend der Gedanke,
nichts zurücklassend
als bewegtes Stillleben
im Sonnenschein,
fliegend, fliehend,
verflüchtigt
und präsent
im Frühlingswind.

Beseelt

Allein geh ich durch Frühlingsgrün,
seh Tulpen, Flieder, Bäume blüh'n.
Kastanien steh'n in roter Pracht
und rufen mich mit sanfter Macht,

erzähl'n voll Weisheit, Kraft und Leben,
wie aus der Ruhe Stärke wird,
und können mir davon noch geben.
Wie wunderbar bin ich geführt!

Es sprechen zu mir alle Bäume,
wenn ich nur auf ihr Reden hör,
eröffnen ungeahnte Räume,
die ich doch tief im Innern spür.

Die Buchen murmeln zu mir leise
und wünschen mir noch gute Reise.
Die Birken winken zu mir her;
allein bin ich hier nimmer mehr.

Sommerlied

Es ist verblasst die Blütenpracht
der stolzen, frühlingstrunknen Bäume,
hat Tag für Tag mehr Platz gemacht
für satte, warme Sommerträume.

Es wich der Farben Überschwang
dem steten Grün und maßvoll'n Streben;
es ward des Frühlings Sturm und Drang
zu ruhigem und erfülltem Leben.

Wer innehält, hört seinen Klang
wie selig tragenden Gesang
den Sommer immerfort durchweben.

Frohe Herbsteszeit

Du frohe Herbsteszeit!
Alles ist bereit,
nach Wachsen, Werden, Reifen
den Augenblick zu greifen
voll Farben, Licht und Dankbarkeit.

Hymne an entlaubte Bäume

Vor des Himmels Blau:
Wald von Zweigen,
wirrer Reigen
von Ästen, kahl,
stämmig, breit, schmal,
ursprünglich, rau,
aufwärts steigend,
ab sich neigend,
ringsum zeigend,
so viele Mal.

Balken und Streben
auf goldnem Grund,
dunkel vor bunt,
Muster vor Licht,
durchbrochne Sicht,
Blick aufs Leben,
Linie, Kontur,
Ästhetik pur,
filigran, dicht,
Kunst der Natur.

<u>Winter</u>

Sepiafarben liegt die Welt
in stummem Wintertraum.
Nur vom Weiß des Schnees erhellt
sind Acker, Stein und Baum.

Andre Farben sind gefloh'n
nach herbstgoldner Zeit.
Nun schweigt alles Ton in Ton,
Frühling ist noch weit.

Ohne Überschwang
zeigt sich Kontur,
reduzierter Klang
von Schwarz-Weiß nur.

Welche Landschaft
voll Klarheit
mit schlichter Kraft
und Wahrheit.

3. Reisen

Geht hinaus!

Geht hinaus, entdeckt die Welt!
Nehmt freudig auf, was euch gefällt
im Alltag und am Wegesrand,
die Gaben aus des Lebens Hand!

Ich lese gerne Städte

Ich lese gerne Städte
gleich Wimmelbildern aus Kindertagen,
entdeckungsfreudig, mit tausend Fragen,
die ich ohn' sie nicht hätte.

Wer wohnt wohl hinter den Fassaden?
Was wurde früher hier erlebt?
Mit welch Gedanken ist beladen
all das, was zu der Stadt sich webt?

Wer träumte was in welchen Zeiten?
Was ward erbaut durch wessen Hand?
Und was kann in die Zukunft leiten
von dem, was bisher hier entstand?

Entdeckend manch Facette
dank meiner Blicke gründlicher Suche
les ich so gerne Städte
gleich einem Bilderbuche.

Impression vom Lindauer Hafen

Boote schaukeln, Boote schwanken
hin und her, vor und zurück,
Boote tanzen, Boote wanken
und beruhigen meinen Blick.

Ewigkeit an diesem Tag,
Boote schwanken hier und dort;
was auch anderswo sein mag,
die Boote schaukeln immerfort.

Souvenir

Viele Bilder mitgebracht
hab ich von meiner Reise;
bunt gemischt ist diese Fracht,
teils laut und teils ganz leise.

Vieles ist wohl int'ressant,
was ich gehört, gesehen;
doch alleine der Verstand
reicht nicht, um's aufzunehmen.

Das, womit ich mich verbinde,
worin ich mich wiederfinde,
wodurch ich Altes hinterfrage,
es auch ergänze, Neues wage,
das ist Nachklang meiner Reise,
prägt und formt, macht vielleicht weise.

4. Kostbarer Moment

Warum hasten?

Warum hasten, wozu eilen?
Kannst auch rasten, kannst verweilen
und anstatt noch mehr zu streben
innehalten, atmen, leben.

Halt!

Halt!
Nimm dir Zeit!
Sei zu warten bereit!
Langsam wachsend vieles gedeiht.

Moment

Die Zeit will stets gehen,
sie läuft und sie rennt.
Lass sie doch still stehen
für einen Moment!

Lass das, was dich festhält,
mit Freude zurück;
nimm an, was dir zufällt,
des Augenblicks Glück:

das Grün dort der Bäume,
die Wolken, so weit,
Moment voller Träume
und Tiefe und Zeit.

Pause am Nachmittag

Den letzten Sonnenstrahl erhaschend,
von Süßem und von Freiheit naschend,
das Sehnsuchtsgrün der Berge preisend,
in Horizontes Blau verreisend
bin ich im Urlaub grad gewesen
und vom vorher'gen Stress genesen.

5. Vom Suchen und Finden

Videotopia

Bilder laufen, Bilder rennen
auf Leinwand, Smartphone und noch mehr;
viele wollen alles kennen
und klicken hundertfach sie her.

Bilder rennen, Bilder hasten
und Menschen laufen hinterher,
schauen um sich ohne Rasten
und wollen mehr davon, noch mehr,

sind vom Strudel angezogen
der faszinier'nden Bilderwelt.
Werden sie von ihr betrogen
um das, was hier und jetzt vorfällt?

Lasst euch weiter informieren
durch manche Bilder, manchen Klick,
aber lasst uns nie verlieren
den Sinn fürs gegenwärt'ge Glück
und vielleicht jenseits vom Rennen
besser diese Welt erkennen
und noch mehr mit ruhigem Blick.

Im Fokus

Ströme von Informationen
fließen um mich durch den Raum,
hunderttausende, Millionen,
meine Sinne fassen's kaum.

Da sind so viele Einzelheiten,
die man hör'n, seh'n, fühlen kann,
unentwegt Ideen gleiten
zu mir her, an mich heran.

Doch ich lob die Reduktion:
Was ich brauch, das find ich schon.
Hab längst unbewusst gewählt,
was für mich allein heut zählt,

nehme dankbar auf in mich,
wofür ich offen bin;
meine Welt, sie weitet sich,
und ich spüre Sinn.

Großes kleines Glück

Ich brauch nicht viel, um froh zu sein:
mit andern Zeit und Zeit allein,
brauch Freiheit, Luft und Wärme, Licht,
auch leiblich's Wohl und Zuversicht,
in meinem Leben einen Sinn,
Gewissheit, dass geliebt ich bin,
dazu noch Muße dann und wann,
der ich mit Freude folgen kann.
Das ist es, was zum Glück ich brauch,
und – so ahn ich – andre auch.
Das, was wohl ein jeder will,
scheint so wenig, ist so viel.

Der Schatz

Ich hab einen Schatz gefunden,
den diese Welt nicht heben kann.
Denn willst du das Glück erkunden,
so tritt es nicht zu dir heran.

Doch es kann mit Wolken reisen,
kann grüßen vom entfernten Mond
und auch ganz nach innen weisen
zu dem, was in dem Herzen wohnt.

Gleichsam kann mein Schatz auch wandeln,
er ist ganz nah und reicht so weit.
Dabei könnte sich's wohl handeln
um Funken von Glückseligkeit.

6. Vom Erfassen und Lassen

Ich platze gleich vor Poesie

Ich platze gleich vor Poesie,
Wörter strömen wie noch nie!
Will sie greifen, will sie fassen
und muss sie doch bleiben lassen,
denn so viel ist's, was da spricht;
all das schreiben kann ich nicht.

Stille oder Re-Creation

schweigen können
warten können
hören können

und glücklich sein
jenseits der worte

Vom Lassen

Hab keine Angst vorm Gehenlassen,
vor leerer Stille, tiefer Ruh';
kannst nicht immer mehr erfassen,
ohne Pause, immerzu.

Lass die Welt sich weiterdrehen,
lehn ohne Wünsche dich zurück;
später wirst du weitergehen,
erfüllt von Frieden, neuem Glück.

Vom Tun

Hab keine Angst vorm Weitergehen,
Veränderung, Beweglichkeit;
sollst nicht ewig reglos stehen,
entrückt dem Raum, entrückt der Zeit.

Geh getrost die nächsten Schritte
im Hier und Jetzt, in dieser Welt;
kehrst gereift zurück zur Mitte,
wo alles friedlich innehält.

7. Wunderwärts

<u>Wen wundert's?</u>

Ein Wunder wurde ausgeschickt,
dass es die Menschen freue;
und als ihm dieses nicht geglückt,
kam's wieder voller Treue.
Doch man machte es ihm schwer,
man holte Wissenschaftler her,
dass man das Wunder weg-erklär.
Schließlich war's kein Wunder mehr –
was einige bedauern sehr.
Ein neues Wunder wird gesucht,
dass es die Menschen freue;
bisher hat keins mehr sie besucht,
und doch hofft man aufs Neue.

<u>Womöglich</u>

Womöglich ist's möglich, dass Wunder gescheh'n.
Womöglich ist's möglich, dass wir sie auch seh'n.
Womöglich ist's möglich, dass wir offen werden
für das, was ist möglich hier mitten auf Erden,
wo möglich sind Leben und Liebe und Sinn,
vom Himmel umgeben im Alltag ich bin,
wo wir auch im Kleinen das Großart'ge seh'n.
Ja, ich glaub, 's ist möglich, dass Wunder gescheh'n.

8.   Vom Glück getragen

Alltagsglück

Nicht gesucht und doch gefunden
hab ich heut des Alltags Glück,
fühl der Welt mich so verbunden,
blick in Dankbarkeit zurück.

Nichts erwartend und doch offen
bin spaziert ich manches Mal
und ward unverseh'ns getroffen
von Freude und Hoffen,
von wohlwollendem Strahl.

Federleicht, ganz ungezwungen
kam im Augenblick zu mir,
was durch Kraft nicht wär gelungen,
hat durchdrungen
das Jetzt und Hier.

Holla, die Waldfee

Holla, die Waldfee, tanzt froh durch den Wald,

den sie verwandelt durch Freude schon bald.

Holla, die Waldfee, mag ihr gutes Leben,

möchte auch andern von ihrem Glück geben.

Holla, die Waldfee, will fröhlich sein, lachen

und hat das Ziel, allen Freude zu machen.

Holla, die Waldfee, streut Funken von Glück;

sie kommen hundertfach zu ihr zurück.

Holla, die Waldfee, ist glücklich und frei.

Holla, die Waldfee! Was ist schon dabei?

Die Weide oder: Traum im Februar

Die Welt zieht langsam am Fenster vorbei,
hält dann am Bahnsteig, wo Leute stehen;
nach kurzem Austausch, Kommen und Gehen
gleitet sie weiter, durch Frühling, durch Mai.

In mir erwacht das Streben
mehr zu seh'n, zu erleben.
Sobald möglich, steige ich aus
in den lauen Mittag hinaus.

Mein Weg führt über Stiegen
zu einem Garten herab,
wo Blätter im Wind sich wiegen,
ganz sachte, vom Alltag fernab.

Auf lichtdurchtränkten Wegen
geh dort ich im Blütenhain
ruhig einem Teich entgegen,
mit Wasser so klar-blau und rein.

Darin steht eine Weide
in üppig-grüngoldner Pracht;
es ist ihr lebendig' Geschmeide
von innerem Leuchten entfacht.

Genährt von Wassers Leben,
vom Licht beschienen so hell
vereint sie Ruhe und Streben
wie ein nie versiegender Quell.

Von Harmonie umgeben
geh auf ich im Augenblick;
erfüllt, voll Kraft und voll Leben
atme ich dieses Gartens Glück.

Dann wend ich mich zum Gehen,
durchquere den Blütenhain,
wandle auf hellen Alleen
im gleißenden Sonnenschein

und wache auf aus Träumen
in dieser Februarnacht,
im Herzen mit blühenden Bäumen
und mit Licht, für immer entfacht.

9. Vom Licht erfüllt

Meditation

Vor einem Bild sitze ich meditierend,
die Mitte betrachtend, darin mich verlierend
und zugleich sehend Quadrate und Kreise,
die Mitte umgebend,
auf mystische Weise
im Wechsel nach außen und innen auch strebend.

Ich sitze voll Staunen,
die Formen erlebend,
die still zu mir raunen,
die Mitte umschwebend.

In mir wird es leise
und ich sehe schwingend
Quadrate und Kreise,
vom weiten All singend.

Dennoch steht klar vor mir jede Kontur,
jene vom Kreis, danach vom Quadrat nur.
Ich sehe vollkommen
erst Ecken, dann Runden,
vom Ganzen benommen,
verloren, gefunden,

im Wechsel sehend
Kreis, Quadrat, beides, keins
und schließlich verstehend:
Es ist alles eins.

Rauschen

Es rauschen die Bäume
vom Winde erfüllt;
ich lausche und träume
und werde umhüllt

von murmelndem Raunen,
Erzählen, Gesang.
Mit erfürcht'gem Staunen
vernehm ich den Klang,

der alles durchwebend
zu meinem Ohr dringt,
danach weiter schwebend
in aller Welt klingt.

Ich bin vor dem Rauschen
bedeutungslos klein
und darf ihm doch lauschen,
ein Teil davon sein.

religio

Lasst uns beten zu dem Licht,
das wir doch alle kennen,
ewig leuchtend' Angesicht,
das wir verschieden nennen.

Lasst uns erfüllt sein von dem Licht,
das doch uns allen scheint,
und weiten die begrenzte Sicht,
da es uns alle meint.

Lasst uns beten zu dem Licht
auf unsre eignen Weisen,
vereint in seinem Angesicht,
um das wir alle kreisen.

10. Zwischen Himmel und Erde

Pfützenblau

Der Himmel ist in eine Pfütze gefallen.
Dort scheint er allen,
die gebeugt geh'n.

Der Himmel ist in eine Pfütze gefallen.
Dort sagt er allen,
sie sollen aufseh'n.

Musik

Musik steigt aus dem Alltag auf,
schwingt in Höhen sich hinauf,
nimmt uns mit voll Leichtigkeit,
tragend durch den Raum, die Zeit,
schwebend mit uns weit, ganz weit –

bis zu himmelsgleichen Sphären,
die von Harmonie erfüllt,
wo sich alle Zweifel klären,
sich Glückseligkeit enthüllt.
Da ist Klingen, da ist Schwingen,
das unser ganzes Sein erfüllt.

Tanz

Die Musik spielt und wir tanzen,
gehen vor und geh'n zurück,
sind ein Teil von diesem Ganzen,
das da wogt in Freud' und Glück.

Selbstvergessen sind wir kreisend
um die Mitte zur Musik,
ankommend und weiter reisend,
ganz in jedem Augenblick.

Passend sind hier alle Schritte,
jene vor und die zurück.
Ja, auch in mir ist die Mitte,
in mir wogen Freud' und Glück.

11. Dort, wo die Gedichte wohnen

Eifrig

Mit Eifer wollt ich ein Gedicht,
ein ganz großart'ges, schreiben.
Allein, ich fand die Wörter nicht
und ließ es schließlich bleiben,

bis unbemerkt ein Reim entsprang
– woher, ist mir nicht kenntlich –
und in meine Gedanken drang,
als wär es selbstverständlich.

Gemeinschaftswerk

Ein Reim lag dort am Wegesrand,
wodurch er nicht im Wege stand,
und ich wär fast vorbeigerannt
– doch sah ich ihn und nahm ihn mit.
Dank ihm ward ich dann wortgewandt
und alsbald ein Gedicht entstand,
für das er weitere Reime fand.
Die dichteten dann mit.

Dichterglück

Dort, wo die Gedichte wohnen,
da ist Weisheit, ist Musik;
und wenn sie mir innewohnen,
bin ergriffen ich vom Glück.

12. Am Abend

Abendliches Gold

Abendliches Gold,
ausgeschüttet über der Bäume sattes Grün,
sprenkelt meinen Weg mit Tropfen von Licht
und nimmt mich hinein
in ferne Welten voller Wonne,
ganz nah in diesem Augenblick.

Feierabend in der Altstadt

Müde schlendernd durch die Gassen
bin ich ohn' Ziel und ohne Hast.
Was am Tag war, kann verblassen,
mit jedem Schritt verlier ich Last.

Sorglos wandernd in der Menge
lass hinter mir ich diesen Tag,
mal allein, mal im Gedränge
geh ich gradwegs, wohin ich mag.

Fröhlich laufend durch die Gassen
seh ich das Leben bunt und weit,
kann, was war, nun bleiben lassen,

mit den Sinnen Neues fassen,
noch ohne Ziel und doch bereit.

Ausgeglichen und gelassen
spür ich im Herzen Heiterkeit.

Abendtraum

Es hängt der Himmel über den Bäumen
von oben herab in wolkenschwerem Grau
– in der Ferne ein klarer Streifen von Blau.
Da weitet sich mein Blick,
atmet des Augenblicks Glück
und hebt mich empor zu Träumen.

Leises Glück

Es funkeln die Sterne,
es grüßt mich der Mond.
Ich bin hier so gerne,
wo leises Glück wohnt.

Hier kann überall sein,
bei Nacht oder Tag.
In mir selbst kann das sein,
was Wunder vermag.

13. Rêves

<u>Paysages de nuages</u>

Paysages de nuages
flottants au ciel,
nuages de mirages
en voyage éternel.

Vers vous se lève
mon regard enchanté,
beaux paysages de rêves,
mondes flous, les nuées.

Avec vous je voyage
au vaste ciel,
paysages de nuages
en voyage éternel.

13. Träume

Landschaften aus Wolken

Landschaften aus Wolken,
am Himmel treibend,
Fata Morgana - Wolken
auf ewiger Reise.

Zu euch erhebt sich
mein verzauberter Blick,
ihr schönen Traumlandschaften,
ihr verschwommenen Welten, ihr großen Wolken.

Mit euch reise ich
am weiten Himmel,
Landschaften aus Wolken
auf ewiger Reise.

La lune a un visage

La lune a un visage,
le ciel porte un manteau,
la ville est une plage,
les astres jouent dans l'eau.

Il y a cent miracles,
chaque arbre, chaque fleur
devient spectacle
pour l'œil rêveur.

Der Mond hat ein Gesicht

Der Mond hat ein Gesicht,
der Himmel trägt einen Mantel,
die Stadt ist ein Strand,
die Sterne spielen im Wasser.

Es gibt hundert Wunder,
jeder Baum, jede Blume
wird zum Schauspiel
für das träumende Auge.

Danksagung

Zunächst danke ich den Gedichten selbst und dem, was sie zu mir kommen lässt. Denn ohne die Inspiration, die nicht aus mir stammt, hätte dieses Buch nie entstehen können.

Weiterhin danke ich den Menschen, die dazu beigetragen haben, dass ich mit so positiven Gedanken durch das Leben gehen kann – seien es meine Eltern, gute Freunde und Bekannte oder auch Unbekannte, denen ich nur kurz im Alltag begegnet bin. Auch dank ihnen konnten diese Gedichte den Weg zu mir finden.

Außerdem möchte ich allen danken, die irgendwann einmal von mir die Aussage gehört haben: „Moment! Ich habe jetzt keine Zeit. Ich muss dringend 'was aufschreiben!" – und die dafür Verständnis hatten ;-)

Schließlich gilt mein Dank auch allen, die dieses Buch lesen oder verschenken und somit den Gedichten ermöglichen, weiter getragen zu werden.

Schlussbemerkung

Einige der vorangegangenen Zeilen kamen mir spontan in den Sinn, andere nach kürzerem oder längerem Nachdenken und Ausprobieren.

Meiner Kenntnis nach wurden sie in dieser Zusammenstellung der Wörter bisher von niemand anderem veröffentlicht, so jedenfalls das Ergebnis meiner Recherche nach möglicherweise vorhandenen sehr ähnlichen oder gar gleichen Texten.

Daher verstehe ich mich nach bestem Wissen und Gewissen als Autorin dieser Texte, mit dem Hinweis darauf, dass viele Worte eher *zu* mir als *von* mir kamen.